媽媽的每一天

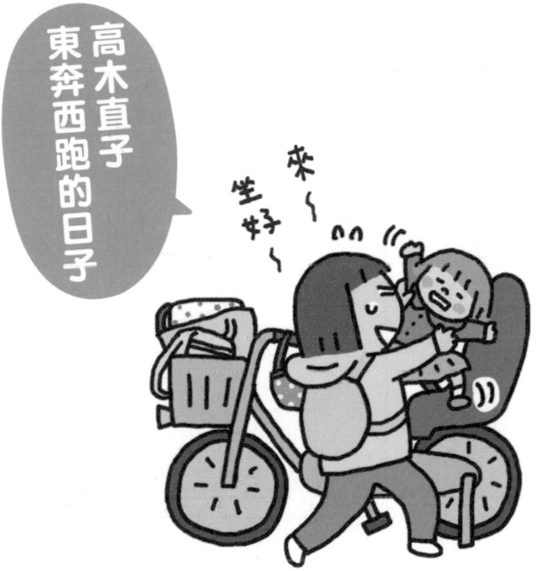

高木直子
東奔西跑的日子
來~
坐好~

高木直子◎圖文
洪俞君◎譯

前言

大家好，
我是高木直子。
雖然之前的書中
已經提過很多次，但還是在這裡
簡單地回顧一下我的一生。
出生於日本三重縣
東張
西望
東京
24歲時為了找繪畫方面的工作，
一個人上東京。
靠打工勉強維持生活，
這樣的日子持續大約五年之後，
總算可以靠繪畫餬口。
無所事事
仙沙貝拉
長年一個人住的我
終於……
在41歲那年結婚了
兩人都是40世代
小亞
44歲
41歲
老公個性溫和憨直，
直子～
小亞你到底
想不想要小孩？
喂喂
如果想要小孩，
就得快一點
才行!!
我們
已經沒有
時間了!!
積極催促努力之下，

我42歲那年女兒出生了！
哇哇～
暱稱
小米
就此展開媽媽的每一天……
乖乖～
MILK
哇哇哇～
哼哼～
嗯～10倍粥的做法……
寶寶第一次的副食品
吞嚥期
全都是以前所沒經驗過的事，有時難免手足失措，
今天天氣好好～
啊嗚～
嘎啦
嘎啦
我和女兒兩個人勤奮地出外散步、上兒童館，
嘻嘻哈哈
咯咯咯
沒有媽友～
在回家的路上睡著了。
軟綿綿～
呼～
哎呀呀！
老公的老家就在附近，所以我經常到獨居的婆婆那裡，把女兒託給婆婆，然後利用這段時間工作。
太感謝了～

女兒快滿3歲時，
老公的老家重新改建，
有頂樓陽台的三層樓建築
我們開始和婆婆一起住。
部分共用型的二代宅
奶奶～
小米～♥
剛上東京的時候，我幾乎沒有朋友，
一個人孤零零的，沒想到現在
變成四個人一起住，
有時想想人生
真的很不可思議。
3
恭喜小米3歲了～!!
呼～
哇～
接著春天來了，
女兒也開始上幼稚園了。
現在，
小米～，趕快吃早餐!!
妳還要換衣服、刷牙餒!!
咬一咬吞下去!!
下樓梯的時候要小心喔!!
看前面
一二，一二!!
劈哩
啪啦
發呆～

小米～
早～
今天天氣
很好喔。
婆婆總是送我們到門口，
今天要穿
哪雙鞋呀？
我先去把腳踏車
牽出來!!
慌亂
慌亂
配合女兒上幼稚園，
我買了一輛電動自行車。
鏘～～!!
我的寶貝腳踏車♥
小米，
要走囉～！
來坐
腳踏……
這雙？
還是這雙？
嗯～……
還沒決定
穿哪雙鞋喔?!
要遲到了～
路上小心喔～
走囉～!!
今天又是在
一片慌亂中出發！

目次

第1章 開始上幼稚園！

小米【3歲6個月～3歲9個月】

第2章 成長快速的女兒和年近50的夫婦

小米【3歲10個月～4歲1個月】

第3章

小米【4歲2個月～4歲5個月】

每天全力以赴玩耍和學習！

目次

第4章

40世代婚進入第6年

小米【4歲6個月～4歲10個月】

爸爸的每一天

老師早
小朋友早

第1章

開始上幼稚園！

小米【3歲6個月～3歲9個月】

想哭的心情

女兒現在上幼稚園小班，
早～
好，到了～
咻～
小班有很多小朋友上幼稚園還會哭，
馬麻～
不要不要～
大哭
大鬧
哇～
至於我女兒，
便當在這裡面喔～
進去吧～
糟糕，好像快哭了!!
小米，妳看，這是妳喜歡的手帕!!
咻
如果眼淚掉下來就用這個擦一擦，知道齁？
點頭……
……
雖然不會大哭說不想去，
步履蹣跚
……
但看來也不是很願意去。
坐到位子上了。
偷看
啊，好像又快哭了……
照我說的，拿手帕出來擦了!!

第 1 章
小米 3 歲 6 個月～3 歲 9 個月

嘎啦
哇—
哇—
哇—
哇—
小朋友們蜂擁而出
四周充滿感人的重逢畫面!!
哇~
馬麻~
下課了~
馬麻~
馬麻~
啊，小米!!
現身
哇—
哇—
女兒通常都是默默地最後一個走出教室，
小米，媽媽來接妳了~
幼稚園好不好玩？
但是臉頰總是粉噗噗的……
今天在幼稚園做什麼？
……
告訴馬麻好不好？
低聲耳語
我今天……
畫了一(魚)……
小米似乎對自己能度過一段沒有父母陪同的時間，
頗引以為豪。
抱緊~
好棒喔~
乖~乖~
小米!!
奶奶!!
我們回來了
女兒最近又一點一點地成長茁壯了。
在家中也有感人的重逢畫面

好希望可以變成透明人一直待在幼稚園，看他們在做什麼。

展現阿嬤的才能

放暑假
小米～
但因為疫情的關係不能回老家，所以用電腦和阿公阿嬤視訊。
阿公 阿嬤～
妳看，球耶～
哇—
哇—
我們是先用家中原有的筆電設定好視訊電話APP，然後把筆電寄給我爸媽，
越簡單易懂的越好～
點進去，會看到一個照相機的符號，
照相機？
畫面的右上角……
沒看到餒？
遠距教學之後，終於接通了。
小米，剪刀、石頭、
布
哇～小米贏了!!
咯—
球
再玩一次……
斷訊
怎麼搞的？
妳是不是按到哪裡了？
不知道，畫面突然就不見了。
結果改用電話
出現了帳號要怎麼樣怎麼樣的畫面。
哇，等一下等一下！
但是我爸媽不太會用，經常出問題。
無所事事
等得不耐煩了

很想跟孫女多交流互動!!
我媽媽這麼想，
嗯……
於是寫了一封信寄給女兒。
小米 收
三重 阿嬤
最近開始識字的女兒收到信後非常開心，
哇—
小米……妳每……天……過……得……開……心……嗎？
而且我媽媽還畫了插畫!!
小米喜歡吃的毛豆
美濃瓜
楓葉
扁豆
苦瓜
紅蘿蔔
枇杷
地瓜發芽了
牽牛花開了喔
小黃瓜
這是媽媽畫的嗎？
畫得很好耶
老實說這可以算是我第一次看到媽媽畫的畫。
我想說畫畫，小米比較看得懂。
哈哈哈
就畫畫看院子裡有的東西，沒想到畫得還滿有個樣子。
這個ㄙㄨˋ苦ㄍㄚ嗎？
哇～，小米知道苦瓜喔？
好棒喔!!
我一直以為媽媽不會畫畫
孫女的威力真是驚人！
對 對
這個ㄉㄡˋ豆

媽媽很開心收到孫女的迴響
很快又寄來了一封信
很厚
小米收
三重阿嬤
阿嬤說她這次畫的是卡通人物。
哈哈哈，也畫了小兔兔耶。
卡通人物很難畫耶~
是嗎？妳畫得很好啊!!
阿嬤~
之後媽媽又畫了自己的手、
狸子的擺飾、
很逼真
石頭
剪刀
布
搭阿公的車去兜風
酒
仙人掌
家裡的工具等等，
扳手
拔釘器
一字螺絲起子
十字螺絲起子
鉗子
鋸子
虎頭鉗
錐子
釘子
螺絲
鐵鎚
阿公的工具箱
妳畫的題材越來越樸素。
已經不知道該畫什麼了。
虎頭鉗？
小米妳要不要寫信給阿公阿嬤？
好啊!!
希望可以早一點和阿公阿嬤見面
畫了阿公阿嬤的頭像寄過去
阿公
阿ㄇㄚ

這是我之前唯一看過的媽媽的畫。

迫不及待想去接小孩

每天送女兒上幼稚園。
好，到了喔～
嘈雜
嘈雜
咻～
今天老師要教大家做什麼呢？
應該還是先教唱歌吧？
……
嘈雜
嘈雜
哇─
哇─
……
唉呀！
一張一合
轉身
暑假結束，女兒上幼稚園的時候又經常哭了起來。
乖～
乖～
馬麻很快就來接妳了!!
抱緊～
抽泣……
揮手
揮手
拖
拖
可是她還是乖乖地去。
要不要緊？
雖然有點擔心，
不過回到家後就有大約五個小時的自由時間!!
嘿～!!
先把該洗的床單類全部洗好
枕頭也晒一晒♥

第1章
小米3歲6個月～3歲9個月

今天老師教我們唱橡實滾啊滾，
跟用手指握握手～
回家的路上女兒總是很開心的
還有做勞作
真的？
告訴我很多幼稚園的事。
這是我們兩個人的甜蜜時間
哈哈哈
好癢喔
等紅燈的時候玩耍一下♥
咯吱
咯吱
這種時光
咯～
咯～
終究會有結束的一天～
小米～
妳要買什麼顏色的書包？
我不知道～
哈哈哈，說的也是。
喔，綠燈了。
走囉～
咯
和女兒一起回到家以後，
我幾乎就沒有自由時間了。
馬麻～跟我玩～
再等我一下下。
抱緊～
好希望她去睡個午覺……

星期五有很多東西要帶回家，
所以總是大包小包地走出教室。

下雨天全副武裝

一碰到下雨天，我就很傷腦筋。
嘩啦～
好大的雨!!
因為接送女兒上下幼稚園比平常更辛苦。
東西全部放進防水包裡，
還有雨衣。
今天下雨耶～
耶～耶～
可是女兒卻滿喜歡下雨天的。
奶奶，妳看，我穿雨鞋耶！
哇，好可愛喔～
可以拿傘、穿雨鞋好像讓她覺得很開心。
可是下雨天去幼稚園一樣是騎腳踏車
路上小心
來～坐好～
放
腳踏車上有遮雨罩，女兒不會淋濕。
那我們走囉～
但是我會變成落湯雞。
嘩啦～
嗚嗚，雨水跑進眼睛裡了……
啪啪
啪啪
好，到了～
傘給我～

從幼稚園停放腳踏車的地方到教室這段路，雨傘和雨鞋終於可以派上用場。
開
雨傘～
小米，傘拿好!!
不然會淋濕喔!!
哇！
女兒還不太會拿傘，所以我只好緊跟著她。
偷偷地
終於在大雨中順利的把女兒送進幼稚園，幾乎沒讓她淋濕。
哇～
哇～
掰掰～

然後我又冒著雨騎腳踏車回家。
雨好像越下越大了。
嘩啦
開始從事現在這工作以後，很少在這樣的雨天出門，
今天下雨，在家裡工作好了。
自得
悠然
這大概是高中騎腳踏車通學以後，
第一次在下雨天騎腳踏車。
啪啪
啪啪
整個人就像是去淋了瀑布一樣
我回來了～
全身
濕答答
唉呀～

儘管穿雨衣，雨水還是會滲進來，
雨鞋裡面也有水。
我去拿毛巾
濕答答答～
嘩啦
全身上下全都換過，
呼～
除濕機
終於可以喘一口氣。
呼～好累喔！
嘩啦～
我的話還可以回家，
那些冒雨上班的人一定更辛苦……
嘩啦～
他們是不是會買更好用的雨具？
還會準備替換的衣服和補妝的用具？
登山用的
整套
整套
雖然雨水也是不可或缺的，
不過，如果能避開上下班上下學的時段，那就太好了。
躺～
天不從人願，雨還是不停地下，
嘩啦——
我去接小米。
路上小心～
我要再度冒雨出門了。
嘩啦～

最後找到的是釣具廠商出的包包。

比較看看幼稚園生活

女兒雖然每天去上幼稚園，沒有請假，
妳的便當我一樣幫妳放到包包裡了。
掰掰!!
步履
蹣跚
哇—
哇—
……
不過看來也不是特別開心。
進教室以後也不跟別的小朋友說話……
咯—
偷看
……
哇—
哇—
還沒朋友嗎？
老師，對不起，
我女兒是不是沒有朋友？
點名簿
嗯~，小米是不太會自己主動說話，
可是唱歌的時候很活潑~
現在這時期有很多小朋友還是喜歡獨處，所以馬麻您不要過度擔憂，先觀察一陣子看看。
點名簿
是這樣子嗎？
想想我小時候……

1970年代
第二次嬰兒潮
新興住宅區
附近有很多年齡相近的小朋友
呵呵呵
吃飯
咯
哇
哇
隔壁的隔壁的小朋友和我同時期上幼稚園，而且同班，兩個人經常在一起，
校車
大我一歲的姊姊也上同一家幼稚園
發呆
可是每天在幼稚園都做些什麼呢？
我幾乎想不起來。
好像是唱唱歌，聽聽紙芝居*……
另外我的手很笨拙，做勞作或摺紙的時候總是吃盡苦頭。
對了!!幼稚園經常要我們做乾布摩擦!!
發抖
發抖
大冷天也一樣要我們穿著一條內褲，到院子做乾布摩擦。
開始
一 二 三
呼

*紙戲，一九三〇年代興起於日本。

我真的很討厭做那個。
老師自己穿著衣服
呼
呼
味噌煮烏龍麵
可是我已經完全想不起來班上有哪些小朋友。
連對老師的印象也很模糊
最記得的是我經常忍著不去上廁所。
想去尿尿，可是又不想跟老師說。
我應該還可以再忍耐一下……
扭扭
捏捏
老師~直子尿褲子了~
嘩啦~
哇—
哇—
唉呀
不過卻經常憋不住，尿褲子了，
直子為什麼這麼常尿褲子呢？
帶回來的尿濕的褲子
姊姊很少有這種狀況
誰知道
媽媽似乎很煩惱，
我不是不會自己去上廁所，只是不想跟老師說而已。
但是我並沒有看得很嚴重。

我擔心女兒也會像我一樣經常在幼稚園尿褲子，
去接小孩囉～
沒想到她進幼稚園後一次也沒有發生!!
完全沒尿褲子
閃—
小米妳今天在幼稚園也有去上廁所，好棒耶。
嘻嘻
哈哈
想去上廁所的時候，是先告訴老師然後自己去嗎？
……
不告訴我
馬麻到大班都還會尿褲子呢★
要不要玩一會再回家？
咯—
哇—
咯—
幼稚園放學以後，小朋友們可以自由地在校園裡玩，
馬麻，妳看我喔！
好。
這時候，女兒還是跟大家完全沒有互動。
哇—
哇—
跳
跳

個性活潑的孩子會和朋友
嘻嘻哈哈地玩耍，
等等我
哈哈哈
哇，不要推我嘛～
哈哈哈
好希望小米也能和大家玩在一起。
有時會這麼想……
哇
咯
可是我自己也一直沒能融入媽媽們的圈子裡。
喋喋不休
哎喲，真的嗎？
哈哈哈
哇
瞥
就是說嘛
沒錯
沒錯
哈哈哈
我也很不擅長像那樣在群體裡和大家交談。
或許女兒和我是同一類型的。
母女都是獨來獨往……
呼
……
哈哈哈
哇
哇
我稍微想起來了，
升大班的時候，我和附近的小朋友第一次被分到不同班，
孤零零……

喂，
我們來玩吧。
後來班上有一個小朋友跟我成為好朋友
個性很溫和
我們兩個人經常在一起玩
等等我嘛，又又～
我跟一個綽號叫又又的小朋友當朋友了。
又又？
又又？好奇怪的綽號!!
我記得和媽媽有過這樣的一段對話，
但是後來我們念不同小學，也就沒再一起玩。
對了，又又長什麼樣子呢？
國中生左右
嘩啦
幼稚園畢業紀念冊
幾年後，我突然想起來，拿出紀念冊翻了翻，
然而看照片也認不出哪一個小朋友是又又，
也找不到有哪個名字符合「又又」這綽號的。
連是否真的有又又這個小朋友都不確定

我覺得那個時候，
根本摸不清
自己是怎樣的小孩？
和什麼樣的小朋友
合得來？
不擅長什麼事？
喜歡什麼遊戲？
每天都是在
找尋自我。
女兒現在是不是
每天也在找尋自我呢？
嘿咻
嘿咻
老師說得對，
現在是
關心守護的
時期吧。
嘻嘻
哈哈
哈哈
雖然這麼想
盯—
但我仍然放心不下，
常常忍不住跑去偷看女兒。
其他媽媽也一樣

第2章

成長快速的女兒
和年近50的夫婦

小米【3歲10個月～4歲1個月】

不告訴馬麻

今天我們家也是一早就陷入一片混亂。
小米，趕快吃飯!!
咬一咬咬一咬!!
刷完牙後漱漱口!!
然後換衣服~
腳亂
手忙
啊——!!
妳要自己穿，是嗎？
套
啪
最近女兒很想自己穿制服。
嗚~快一點!!
緩慢
緩慢
啊，套錯地方了。
啪
啊——!!
幫忙的話，女兒會暴怒。
不知為何，鞋子卻不自己穿。
抓
好痛喔
右腳抬起來
也想自己上腳踏車
緩慢
緩慢
提心
吊膽
小心喔!!
時間越來越緊迫
那我們走了喔!!
轉
轉

第2章
小米3歲10個月～4歲1個月

不過，回到家後，我倒也很享受一個人的時間。
哼～
♪
恰砰
蝦味先
然後再去接女兒回家
小米～
哇—
相隔五小時的重逢
今天在幼稚園做什麼啊？
在外面玩，還是做勞作？
哇—
哇—
嗯～不能告訴妳!!
蛤?!
告訴我有什麼關係？
危險……
啊，今天是不是有畫畫什麼的？
攀爬
攀爬
馬麻，不能告訴妳，
就表示這是祕密啦！
打鼓手
以前女兒會告訴我很多在幼稚園發生的事情，
最近卻什麼都不說。
嗚嗚……
這或許也是成長的表徵
奶奶～
小米妳回來了
抓
接下來希望她能自己穿脫鞋子……

在班上按身高是排在最前面。

頑皮好動是來自媽媽的遺傳？

抓

以前家長
幾乎不會跟在旁邊，
都是小孩子們自己在玩。
哇ー
哇ー
哇ー
不小心受傷
也是常有的事。
直子掉下來了～
哇ー
咚
但一點也不在意，
還是照玩，
哇ー
哇ー
身上新傷不斷
儘管如此，還是精力旺盛，
在家裡也很會搗蛋。
嘿咻
嘿咻
把櫃子的抽屜拉出來當樓梯爬
也曾經用窗簾
學泰山的模樣，
啊～啊
啊～～
結果，
窗簾架整個掉下來。
哇
咚～～～
妳把爸爸蓋的房子
弄成這樣
果然被罵得很慘
這麼一比，
小米還算
乖巧的。
熊熊～
小兔兔，什麼事啊？

我們帶女兒找找哪個公園有她喜歡的遊具。
幼兒用運動設施
鏘~~!!
每次見到以前沒看過的遊具，女兒都超開心的。
哇喔!!
假日老公會陪女兒，我輕鬆多了。
負責看包包
把腳放上去那裡!!
不是抓那邊，抓這邊才對。
哇—
哇—
啊，其他的小朋友過來了，先等一下。
……
慢慢來喔~
小心喔~
自己還不是過度保護?!
是不是因為自己以前失敗出錯，嘗到苦頭，所以才會如此擔心呢？
慘痛的經驗
從鞦韆上掉下來，還打到頭。
ㄎㄨㄥ—
還是年紀大了，體能變差，所以更容易擔憂呢？
現在的我
光是吊著就很吃力
顫抖
顫抖
啊~
馬麻妳也要看我喔~
我有在看~
看前面!!
小時候頑皮好動的我現在完全變成一個「搞操煩」的媽媽了。

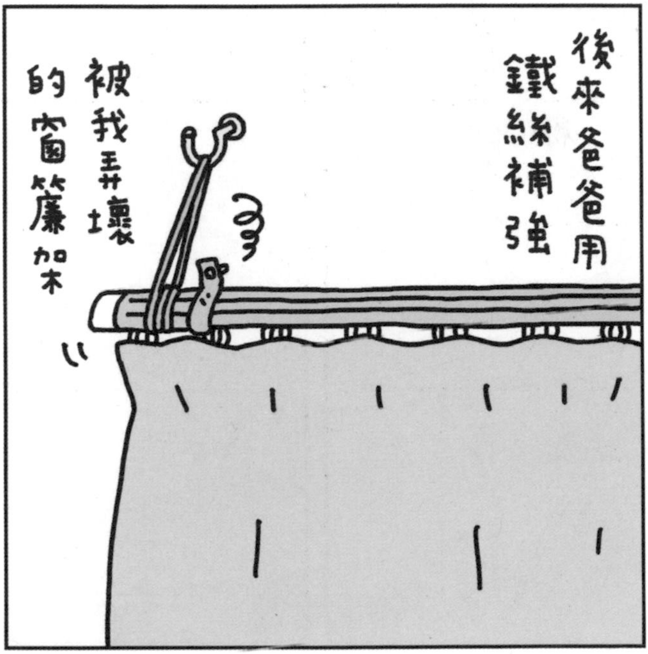

不過由於整個結構不像之前那麼
牢固，修理之後還是有點搖搖晃晃。

放風箏筋疲力盡

女兒在幼稚園學會了唱〈新年〉這首歌
馬麻～
我想放風箏。
歌詞裡面有寫喲。
新年我們一起放風箏～
改天我們一起去買吧!!
可是到玩具店一看
新年玩具
風箏已售完
空
嗚……賣完了!!
花牌
沒想到令和這時代，新年放風箏還是很有人氣。
去別家店找找看吧！
後來去大賣場一看，風箏也都賣完了。
哇～
太晚來買了
以前小時候，有的小朋友會自己做風箏，
小亞你的手很巧，應該難不倒你吧？
把紙黏在竹片上
什麼？
啊，網路上還有最後兩個!!
那趕快下單吧!!
終於順利買到風箏!!
鏘～
風箏
可是要去哪裡放呢？
組合好了
附近的公園有寫禁止放風箏。

抓

於是來到可以放風箏的大公園。
哇～有好多人在放風箏耶!!
我只有小時候稍微玩過放風箏，後來就沒玩了。
我記得一開始好像是這樣拿的。
我也是♥
咯—
咯—
那把拔先示範給妳看!!
我要放手囉!!
噠噠
飄～
哇～飛起來了，飛起來了！
哈哈哈，好厲害喔～

哇哇哇!!
哇哇哇!!
啊，小米妳也想放風箏嗎？
可是今天沒什麼風，要常常這樣拉一拉，不然風箏會掉下來。
拉
拉
啊—!!
妳會嗎？
哇～掉下來了！
拉
拉
小米趕快往前跑!!
咯—♥
咻～
打擊
糟糕!!

風箏會這樣往下栽喔?!
如果打到人可就慘了
我也要玩~
把繩子弄短一點，不然太危險了。
等一下嘛~
小米，趕快跑趕快跑！
飄~
哇~飛起來了耶！
後來女兒越來越上手，
哇達
哇達
小米，看前面!!
哇—!不要再跑了!!
可是還是很危險，令人不敢分神。
會撞到樹!!
哇—
哇達
哇達
哇達
年近50的夫妻倆疲憊不堪
沒想到放風箏這麼累人。
呼—
呼—
呼—
喀—
喝個茶
看看周圍，有一位看似放風箏高手的歐吉桑，
非常高
哇~
哇—!
哇—
哇—!
你看，那個人好厲害喔！
也有拿著超市的袋子當風箏放的小朋友，
飄~
或許小米也那樣玩就好了。
哈哈哈
好可愛喔~
咯
咯
把拔，馬麻，快一點啦!!
再玩一次就好了喔……
沒想到放風箏讓我們在新年好好地運動一番。
也想拍照留念
哇—
咯—

公園裡的商店有賣很多風箏!!

還經常要人家抱的小米

前幾天，女兒滿4歲了。
ㄆㄠˋ ㄆㄠˋ～
ㄆㄠˋ ㄆㄠˋ～
拉麵
我的ㄐㄧㄚˇ累了
腳
但還是很會撒嬌，經常要人家抱。
今天還沒走很多路啊。
站好站好!!
拉
哇，不行，變得像章魚一樣!!
唉呀
不要這樣，危險啦!!
可是女兒體重已經很重，我沒辦法抱很久，
軟綿綿
軟綿綿
搖晃
所以這任務就落到老公身上。
ㄆㄠˋ ㄆㄠˋ～
小米妳想讓人家抱到幾歲啊？
cafe
呼～
如果被幼稚園的小朋友看到，羞羞臉喔。
有賣那種抱小孩的時候可以把小孩放在上面的腰凳式腰包，
放
女兒還是嬰兒的時候，我們考慮要不要買，最後還是沒買。
現在買那個來用好了。
呼～
沒有人小孩4歲了才在買那種東西的吧。
很重

第 2 章
小米 3 歲 10 個月～ 4 歲 1 個月

抓

把拔腰有點痛，妳坐到把拔肩膀上好不好？
!!
抓
咯—
不要拉我的頭髮
可以坐在把拔肩膀上，真好！
好高喔～
crepe
我們就這樣繼續買東西，
幼稚園接下來的發表會需要白色的緊身褲
啊，糟糕!!
SALE
翻白眼→
啊 ?!
小米睡著了!!
小孩睡著以後變得很重，連老公都沒辦法抱著女兒走很久。
小心小心～
滾～
好重呼～
改用抱的
於是我們進到附近的咖啡屋休息
呼～總算可以坐下來。
呼
呼
MENU
我累了，想來點個焦糖拿鐵之類甜的飲料。
好主意。
MENU
嗯，這種感覺有點像……
約會。
漂浮冰咖啡也不錯～
MENU

好久沒有像這樣慢慢地喝個下午茶了
說的也是。
可是……該聊些什麼好呢？
……
嗤嗤
吸~
呼~ 呼~
平常陪著女兒，不知不覺時間就過去了。
小米，妳要喝什麼？
嗯嗯~
哇！水要灑出來了~!!
KID'S MENU
搖晃
還沒小孩的時候，兩個人都聊些什麼呢？
結果，話題盡是圍繞著女兒，
前幾天，小米說~
哈哈
呼呼
不過還是很難打發時間，不由得希望女兒趕快醒來，
要不要叫小米起來了？
慢慢地作弄她一下，讓她醒過來。
嗯~
戳戳
女兒終於醒過來了，
我的ㄐㄧㄚˇ累了~!!
妳有睡午覺了，腳應該不累了吧？
下來走走~
我不要~
但是回家的路上還是一直要人家抱。

不知道會是小孩先不討抱，
還是爸爸的腰先壞掉？

和阿公阿嬤過春假

因為疫情的關係，一直沒辦法回三重老家，
小米～
阿公～阿嬤～
疫情趨緩的那年春假，我決定帶女兒回老家。
小米嗚嗚～
爸留在家
耶～!!
2歲那年帶女兒回老家的時候，為了讓她在新幹線上可以乖乖的，我準備了很多小東西，
啊～，著色遊戲已經膩了喔？
要不要玩貼紙？
貼紙簿
啊～!!
慌亂
慌亂
換衣遊戲
女兒最近很能一個人玩，萬一真的不行也可以讓她玩玩手機，所以行李也少了很多。
只可以玩十分鐘喔
轟轟～
手機真好用……
POTATO
APPLE
練習寫平假名的App
而且她半路上就睡著了，
轟轟～
太好了，雖然很擠～
坐在一角
呼—
呼—
終於平安回到老家!!
小米～
小米～
呼～
東京伴手禮

阿公～
我們來玩相撲!!
大概是因為經常視訊，儘管好久不見，女兒也很快就和阿公阿嬤熟絡起來，
嘿咻!! 嘿咻!!
唉呀！
哈哈哈
阿公，你假裝摔倒嘛～
玩拔蘿蔔的遊戲，玩得很開心，
嘿咻!!
嘿咻!!
真人版的拔蘿蔔！
咯!!
用面紙代替蘿蔔
而且，
小米～阿嬤還做了這個喔。
阿嬤做了紙芝居耶！
小米，想不想看啊？
嗯，我要看!!
還做了框框?!
媽媽做的紙芝居的內容是
來來來～，故事要開始囉～
上廁所

春天來了。
小米往花壇裡一看，看到土裡的球根發芽了。
原來是鬱金香!!
小米開心地拿來噴壺，幫鬱金香澆水。
太陽公公，鬱金香，加油～
暖暖的風吹過來，芽也越長越高了。
今天是雨天。
沖過溫水澡之後，花苞也越長越大了。
有一天，鬱金香終於開花了，小米把花摘來插在花瓶裡。
講完了!!
這故事未免太平淡了。
怎麼樣啊？
媽媽從來沒有為我們做這些，
以前大概每天都像打仗一樣，根本沒有這種餘裕。
妳們兩個不要打架啦！
我肚子餓了～
哇—
啊—
還有一個，妳要看嗎？
嗯
還有喔?!
或許她真的很想做這些事。

另外，老家已經有四十五年的屋齡了。
老舊……
以前提過好幾次要重新裝修，可是都沒有付諸行動，
去年終於重新裝修廚房和浴室。
哇～新的浴缸～
廚房也變漂亮了！
太好了～
對啊～
可是，
噫，牛奶怎麼不冰？
牛乳
冰箱一點都不冰!!
變成只是拿來放東西而已嘛！
我都沒發現。
是喔？
嘎啦
只有冷凍庫是冰的
果然很多地方都有問題
洗衣機也不太能脫水!!
濕答答～

連忙帶爸媽去家電量販店
點數加倍
免運費
春SALE
今天就買新的吧!!
不用那麼急著買嘛。
熱銷商品
老爸你說什麼?!重點是如果不趕快換冰箱，會食物中毒耶!!
冬天之前是還可以!!
媽媽興致勃勃
推薦商品
SALE
啦啦
哎呀呀
馬麻，我好無聊~
對不起，妳再等一下，等阿公阿嬤買好東西。
我們來玩猜拳
這項產品是
終於買好了冰箱和洗衣機，
接著由於爸媽想挑戰用用看智慧型手機，於是陪他們去辦。
盡可能簡單一點的機型~
睡著了
特別是媽媽
真的會用嗎？
發呆
這個方案的話~
覺得自己好像變成了三個人的家長

另外因為剛好是櫻花盛開的時節，辦完事之後我們來到了公園賞花。
哇～
野餐墊鋪這裡好了！
咯—
我買了各式各樣的便當!!
小米，炸雞塊給妳。
啊—
哇～拿筷子拿得很好耶!!
阿公阿嬤也來點吧！
要給我喔？
謝謝～
好吃吧？
哈哈……
嗯～～好好吃喔!!

長滾輪溜滑梯
吃過飯後，
我想玩那個!!
在公園玩玩遊具
嘿咻！嘿咻！
小米～!!
哇～好棒喔!!
咻～
嘿!!
啪
啪
再玩一次!!
蛤?!
小孩子為什麼這麼精力旺盛？
嘿—!!
哇—
再玩一次～
呼～我要休息休息……
咯
咯
嘿咻
茶

小米真是個好孩子！
嗯？
看就知道
爸爸媽媽。一定很疼她。
嘿嘿……
是嗎？
聽媽媽這麼說，我好開心。
嚼
嚼
我一方面掛念著爸媽，
另一方面也希望他們能多見見孫女，
咯—
咯—
希望以後能更經常回老家。
我一邊心想，一邊踏上歸途。
轟～
到東京一下車，
嘿咻！嘿咻！
小米～
極度思念女兒的老公已經等在月台上了。

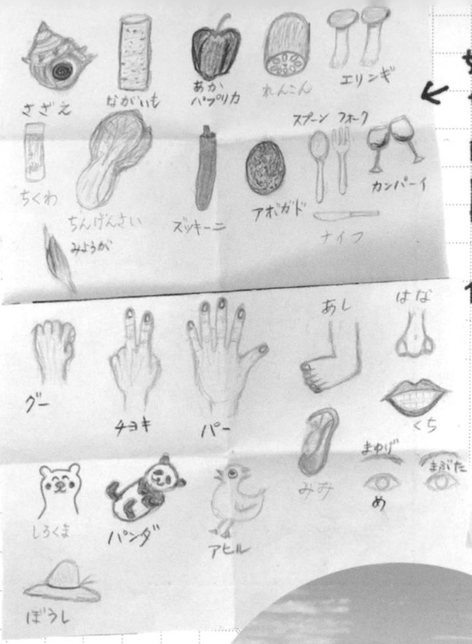

さざえ
ながいも
あか パプリカ
れんこん
エリンギ
ちくわ
ちんげんさい
ズッキーニ
アボガド
スプーン フォーク
カンパーイ
ナイフ
みょうが
グー
チョキ
パー
あし
はな
くち
みみ
まゆげ
まぶた
め
しろくま
パンダ
アヒル
ぼうし

媽媽的圖文信

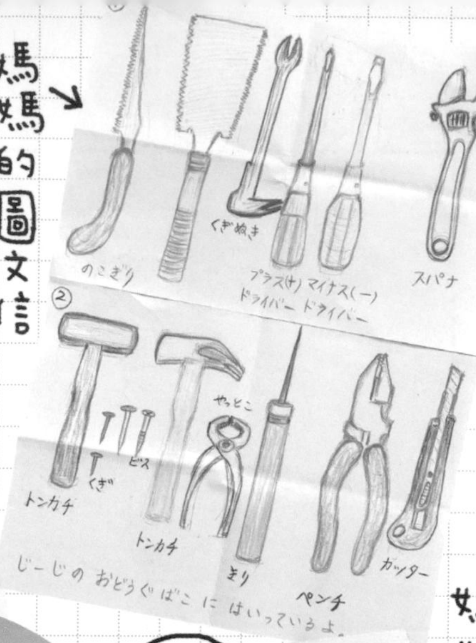

①
のこぎり
くぎぬき
プラス(+) ドライバー
マイナス(−) ドライバー
スパナ
②
トンカチ
くぎ
ビス
やっとこ
トンカチ
きり
ペンチ
カッター
じーじの おどうぐばこに はいっているよ。

8
たなのだるま

媽媽做的數字卡

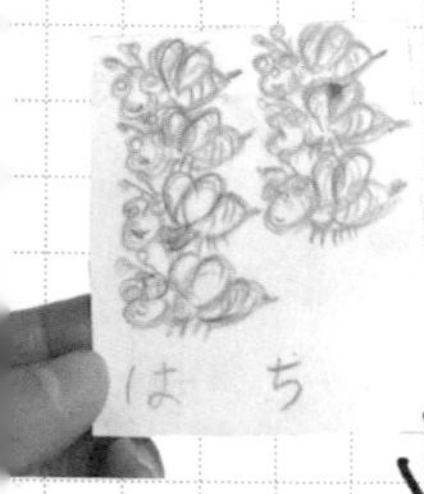

はち

好想再去三重……

育兒回憶～

嘿咻～

2
おいけのアヒル

3
あかちゃんのおみみ

漬物♡

媽媽做的繪本台

9
おたまじゃくし

在地的葡萄

老家的飯菜

育兒筆記

在三重的回憶
這個是蝴蝶喔
葉子
過來抓吧～
蝴蝶～
蝴蝶～
哇—，蝴蝶不要
跑～
阿公阿嬤一直被迫陪著玩這遊戲
阿公你會嗎？
老爸，小心喔!!
阿嬤，接好喔～
丟過來吧！
咻
撈網
玩了好久，好不容易可以坐下來，
阿公阿嬤過來～
阿公我幫你扣釦子
睡衣
換阿公了!!
咯
玩擲骰子
小米如果一直住在這裡，我們也可以預防失智。
在東京的老公
一個人來到很難帶小孩去的牛排店，大快朵頤！
某某牛排
紅肉～

最愛的珍珠小葡萄

給女兒帶去幼稚園的便當

把拔

波波做的毛線娃娃♡

我在工作，女兒悄悄放在一旁的蘑菇。

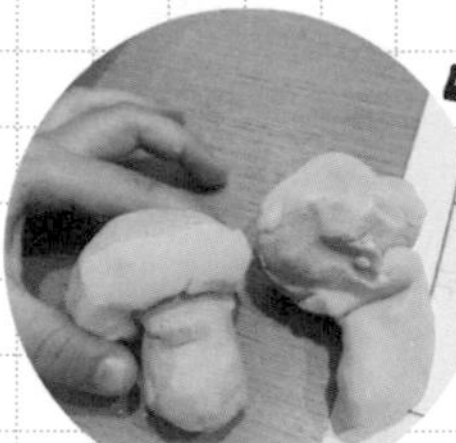

阿公

獅子

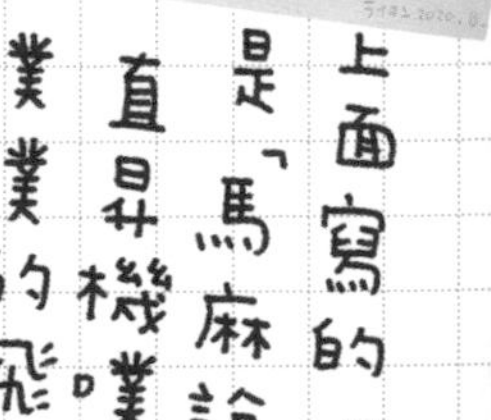

下面放了女兒的玩具廚房組

已經夠得到第五層了!!

我有說過這種話嗎？

上面寫的是「馬麻說直昇機噗噗噗的飛」

第3章

每天全力以赴
玩耍和學習！

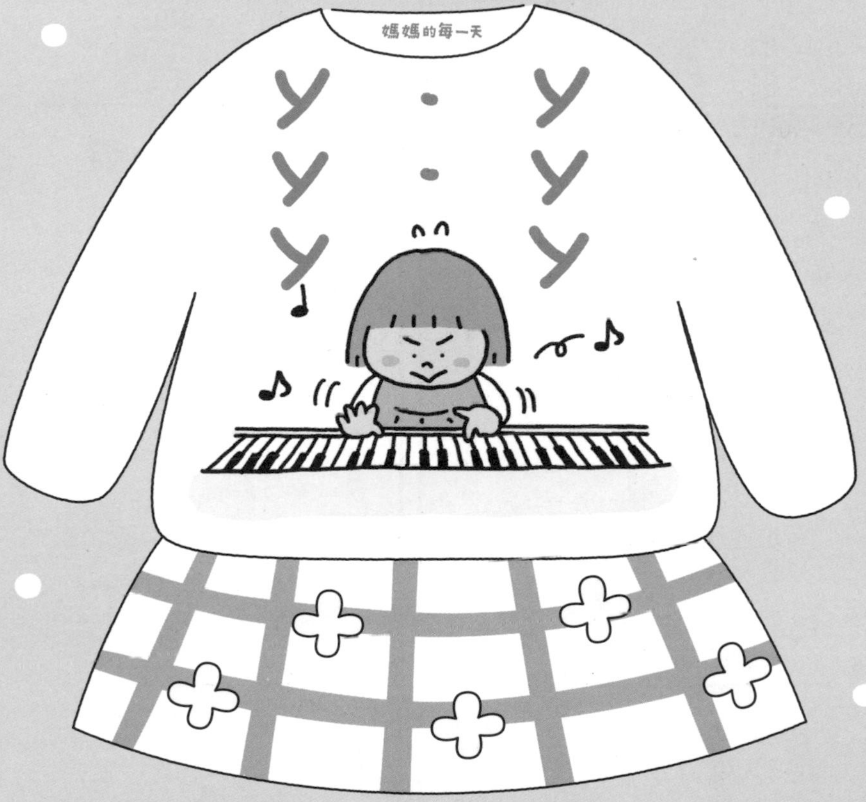

小米【4歲2個月～4歲5個月】

大感謝！奶奶幼稚園

幼稚園放春假
馬麻～
馬麻!!
讓我回一下信好不好？
馬麻～妳來看嘛!!
快點啦～
拉
拉
我做了便當喔～
哇～好厲害喔。
小兔兔，我們一起去野餐吧。
嘩啦
熊熊也一起去吧～。
啊，等一下～。
喋喋把這個也帶過去吧～。
嗚……家有小小孩什麼都沒辦法做。
喋喋不休～
這時候，救星來了!!
小米，要不要去奶奶那裡玩？
奶奶說要陪妳玩耶!!
媽媽有工作要忙。
太好了!!
是喔？
把玩具也帶過去吧!!
婆婆住在樓下，女兒到她那裡去玩了。
掰掰～
小米好乖喔～
通稱奶奶幼稚園
兩個人經常玩著各種遊戲，
咯
咯
MENU

第3章

小米4歲2個月～4歲5個月

而且，
昨天剩下一些燉菜，
還夠給小米當午餐。
今天的奶奶幼稚園
還供應午餐。
嗚嗚，感恩～！
我自己則隨便吃♥
不過，婆婆一定也很累，
難得放春假
我卻一點都沒陪小米玩，
自責
趕快專心完成這一頁，
嗚喔喔～
推
小米，我們去散步吧!!
啊！
三隻小貓
工作做完了嗎？
多虧有您的幫忙，
已經告一個段落了!!
謝謝～
耶～
耶～
接著和女兒到公園
盡情地玩，
咯－
咯－
要推囉!!
西式糕點店
買個蛋糕
回去給奶奶吧。
嗯。
春假期間非常感謝
有奶奶的幫忙。

婆婆有時連我的午餐都會準備。

鋼琴一年級生

女兒2歲開始開心地上音樂教室，
恰
砰
恰
今年春天開始在那裡學鋼琴。
也買了數位鋼琴!!
女兒很高興地彈，
咯
咯
……
叮
叮
咚
叮
咚
小米，妳也要練習一下老師交代的曲子啊。
咻
前幾天老師不是教妳練習用五隻手指頭彈嗎？
Do、Fa、Re、So、Mi、
我不會！
那馬麻示範一下，
哎喲
咚
馬麻走開!!
這是小米的!!
嗚嗚，不讓我碰……
叮
咚
叮
叮
咚
我也是幼稚園的時候開始學電風琴。
姊姊先開始學

哇—

可是從來都不練習，
直子，妳練琴了嗎?!
所以經常被媽媽罵。
那時候我雖然一點都不喜歡練習，
不過現在可以稍微了解媽媽的心情了。
既然去學，
還買了很貴的琴。
當然希望小孩能彈好一點!!
可是我又不想硬逼，真的好難。
差不多該去上鋼琴課了。
鋼琴課是排在每星期四，幼稚園下課後的時間，
騎腳踏車約十五分鐘
Do Re Mi Fa
可是女兒每火一定會在腳踏車上睡著，
後仰〜
所以得把睡著的女兒從放腳踏車的地方抱到教室。
好重喔〜

鋼琴課是三十分鐘的一對一課程，
麻煩您了。
剛醒過來
SUPER MARKET
我則急忙利用這段時間去買做晚餐的材料，
差不多該回去了！
嗯～，好像還不太會弓著手背彈。
今天教的曲子比較重要，下個禮拜還要再練習!!
今天老師沒有在練習本上畫圈圈，女兒有點沮喪。
可是老師說妳差不多都會彈了。
……
就差那麼一點點!!
以前我也是持續不斷練習，
漸漸地才會彈，
不知不覺間開始隨興地練習自己喜歡的曲子，
喜歡的偶像的歌♥
鏘
鏘
還滿開心的～
我覺得儘管是喜歡的事情還是得奠定基礎比較好，
咯～
下個禮拜再努力吧～
咻～～
我會努力負責接送和應援。

有時也會用在採購晚餐材料以外的事情上。♥

開始迷上玩洋娃娃！

前些時候，給女兒買了一個洋娃娃。
露露娃娃
RuRu
又吃到一半就開始發呆。
發呆～～
真是的～
小米姊姊，妳在做什麼？
哇～，這是什麼？看起來好好吃喔～
高八度的聲音
快走
碎步
這個是咖哩。
妳吃給我看，好不好？
好啊～
有一天我突發奇想用那個娃娃代替我發聲，沒想到大受女兒歡迎。
從那以後，
馬麻～，來跟露露玩買東西的遊戲吧!!
好啊～
歡迎光臨～
不對!!妳要用露露的聲音講話!!
嗯，嗯……
請、請問這裡是賣什麼的？
妳好～這裡是超級市場。
快走
碎步
今天買什麼好呢？
今天鮪魚很便宜。
太好了，那我要買一條。
女兒經常要我扮演娃娃的角色。

哇～

露露，妳會認錢嗎？
這個是一百圓，這個是ㄙㄨ圓。
哇，小米姊姊好厲害喔，什麼都知道!!
咳咳
把娃娃的年紀設定得比女兒小一點，這也很得女兒歡欣。
嗚嗚，好累喔，小亞換你來吧。
我的喉嚨好痛～
妳好，我是露露……，
不行!!不行!!
要馬麻才可以!!
露露，吃飯囉～
我來了～
沮喪～
來，啊～
嚼嚼嚼，嗯，好好吃喔～
啊～
對了，以前我也常和姊姊一起玩洋娃娃。
內容我已經忘記了，
這樣這樣～
那樣那樣～
兩個人一起決定角色的設定等等，
啊～，救命啊～
喂，別跑～
然後變成這樣～
哇哈哈
兩個人的幻想世界越演越遼闊，真是開心極了。

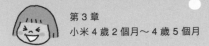

我玩洋娃娃玩到幾歲呢？
我記得好像……
等一下喔～
我們一起去參加派對吧～
好啊～呵呵呵
……
有一天，和平常一樣玩得很開心，
玩洋娃娃太小孩子氣了，我不玩了。
姊姊突然這麼說，
這麼有趣，為什麼不玩了？
打擊～
跨步
離開
那之後，姊姊真的就不跟我一起玩洋娃娃了，
沮喪～
一個人玩也不好玩，所以我也就不玩了。
姊姊說那話的時候是幾歲呢？
小學三年級左右？
喂— 喂—
露露!!
啊!!
有什麼事嗎？
我做了一湯喔!!
哇～看起來好好吃喔!!
女兒玩洋娃娃的熱情不知道會持續到什麼時候？

是不是很嚮往當姊姊呢？

小米學做菜

最近做飯的時候，
嗞～
咚
咚
咚
咚
……
把拔，你在做什麼菜啊？
靠近
啊，妳會被油噴到，危險!!
嗞～
馬麻，妳在做什麼？
靠近
我在切蔥。
我也要看，我也要看!!
攀爬
攀爬
哇～，危險!!
女兒開始對做菜感興趣，
拿來了椅子
於是買了一把兒童用的菜刀給女兒。
鏘～
小米拿菜刀還太早吧？
哇，小米的菜刀耶～!!
可是上面寫3歲以上就可以用了。
4歲
你看
我拿東西過來切切看，
嗚～
一點都切不下去。
用力……
紅蘿蔔
看來要軟一點的東西才行。
呼～
那是我的菜刀～!!
暴怒

哇—

於是先讓女兒切切看魚肉腸。
先切成四分之一讓她比較好切
小米，小心一點喔～!!
左手的手指要像握拳那樣。
啊，菜刀再拿正一點!!
左手要像握拳一樣!!
我們在一旁看得提心吊膽，
啊—
啊—
哇—
但總算切好了。
我還要切!!
呼—
喔—
於是又拿起司給她切，
膽戰
心驚
嘿咻
嘿咻
小黃瓜削皮切細一點應該可以吧？
我還要切～
我還要切～
又讓女兒切切小黃瓜，
咚
咚
哇～越來越厲害了!!
用那些食材做成了沙拉。
取名
小米沙拉
魚肉腸
起司
小黃瓜
切成滾刀塊，拌入適量的美乃滋。

嗯，好好吃喔!!
把拔第一次吃到這麼好吃的沙拉。
真的？
小米也趕快吃吃看。
好吃吧？
嗯～
從此以後，
小米～
妳要不要再幫忙做小米沙拉？
女兒偶爾會幫忙做這道沙拉。
哇～好棒喔!!
咚
咚
今天我要全部一個人弄。
嗚～
可、可以嗎？
唉呀！
哇—
散落
散落
雖然仍免不了令人捏一把冷汗，
今天把拔的沙拉怎麼都是小黃瓜？
咯—
馬麻的都是起司
但是女兒做的沙拉別具風味。

女兒在幼稚園的七夕許願單上
這麼寫著。

頂樓庭園休閒好去處

我們家的頂樓有一個陽台
我非常希望有這樣的一個地方，所以特別做的。
希望小米能接觸泥土和植物!!
一樓沒辦法做院子，那就在頂樓做個陽台吧~
頂樓庭園!!
住了一年半的感想是，
頂樓冬天很冷，
寒風瑟瑟
呼~
夏天很熱。
豔陽高照
好熱喔！
MAGURO LOVE
今天也一早就好熱!!
嘰嘰
嘰嘰
完全沒有東西可以遮陽，
可以煎太陽蛋了
灼熱
灼熱
所以一到夏天老公就努力搭遮陽棚，
嘰嘰
嘰嘰

然後把女兒的游泳池拿出來放在下面。
人工草坪
哇～游泳池耶～
雖然游泳池很淺，但是女兒總是非常開心。
露露也一起進來吧!!
咯—
撲通
要開始了嗎？
好吧……
灼熱
灼熱
結婚以後，每年都和老公一起做梅干，
這種豔陽天最適合曝晒醃過鹽的梅子
最近每年都會醃十公斤左右，然後夏天拿出來晒。
咯
咯
勤奮
努力
努力
勤奮

終於弄好了~
好熱~
下午再翻一次面吧！
小米妳也要喝點茶!!
咻
補充水分
今年的苦瓜還是長不大。
嘰嘰嘰嘰
也在頂樓的菜園種了很多種東西，但不知道是否因為太熱，一直都長得不好。
嗯~番茄也開始枯了。
啊！
有一顆很紅的番茄，雖然很小一個!!
我很喜歡吃番茄，一直很期待能吃到現摘的番茄，可是……
哇~今天的收成
馬麻，給我吃！

蛤？
我想就那樣咬著吃。
好是好，可是沒冰過，溫溫的，也沒有淋醬喔。
洗好了，給妳。
沒關係！沒關係！
女兒平常不是很喜歡吃生的番茄，
哇～好好吃喔!!
真的好好吃喔!!
咬
咬
咬
咬
可是，一下子就把那個番茄吃光光了。
嗚嗚，我很想嘗嘗看的說……
只剩下番茄蒂
MAGURO
太陽越來越大了，
豔陽高照～
小米，該起來了。
MAGURO LOVE
不要～
全身會皺巴巴的喔！
還不要～

可是我們該吃午餐了。
我想在這裡吃。
什麼?!
於是連忙到附近的超市
負責跑腿
MAGURO LOVE
中午就在頂樓陽台吃從超市買回來的熟食
耶!!
ALC 0%
呼~
夏天的啤酒真好喝~
※無酒精啤酒
FREE
在戶外吃飯，別有味道。
哪天我想來弄流水麵線。
還有在頂樓搭帳棚過夜
在頂樓露營♥
甚至浮現這樣的夢想

吃過飯後，由於女兒還想再泡一下游泳池，我也就進來一起泡。
呼～好涼喔～
忙著把梅干翻面
飛～
飛～
啊，鳳蝶～
這裡有一隻壁虎。
在哪裡？我也想看!!
咚
咚—
不知道能否好好活用頂樓陽台，
壁虎～
壁虎～
但是至少已經能讓女兒稍微體驗自然，
頂樓陽台果然是做對了，
呼呼
大睡
累得睡著了
我一邊想一邊和老公一起收拾善後。
收拾棚子
用游泳池的水給植物澆水
收梅干
嘩啦
努力
辛勤

很想收成梅子，
所以種了兩種
梅子樹。
長得不錯，花也開得
很茂盛，可是就是
不太結果實。
為什麼呢？
老公努力地
做人工授粉
女兒幫忙
拔草
嘿咻
我想去
釣～～！
突然嚮往
釣魚
草拔起來了，
人也往後倒。
滾～
真的去……
釣到了
啊～
活蹦亂跳
看到魚
卻會害怕
玩得正開心的時候，
突然想睡覺，
哇哇哇～
我想睡覺～
知道的人
請舉手回答
馬麻
最喜歡的東西
是什麼？
我知道，
是我！

育兒筆記

馬麻，妳的衣服好可愛喔。
真的嗎？
穿顏色亮一點的衣服，經常會被女兒誇獎。♡
指導跳舞
蹲~
跳~~!!
劈哩
啪啦
膝蓋出怪聲的50世代
正在對老公發牢騷
你怎麼這樣……
馬麻，妳跟把拔說對不起啦。
把拔，你要說沒關係。
好不容易結婚了，不要吵架嘛。
小孩是夫妻間的感情加溫器
準備幼稚園的勞作材料
啊~這禮拜以內要準備兩個牛奶盒、包裝紙、串珠、毛根、大紙袋~
這個可以嗎？
收有很多紙袋
我需要牛奶盒，你趕快喝完!!
咕嚕
咕嚕
MILK

育兒回憶～

草莓～

馬鈴薯大豐收！

頂樓庭園

壁虎

檸檬也結果實了♡

今天的收成!!

地瓜～!!

晒梅干

在頂樓吃午餐

把現摘的香菜撒在泰國酸辣蝦味泡麵上♡

第4章

40世代婚
進入第6年

小米【4歲6個月～4歲10個月】

互相體貼玩撲克牌

最近女兒學會玩撲克牌，
我們來玩ㄉㄧㄝㄉㄧㄝ碰!!
※對對碰
好啊，那先把撲克牌排好，
全家人經常一起玩撲克牌遊戲。
耶～
嗯，2，我記得2是在這邊……
噫，錯了!!
翻
馬麻，2在這裡啦。
哇～小米好棒喔!!
啪
啪
真的耶!!
翻
翻
好，換把拔了!!
太好了，我拿對了!!
翻
接下來也剛好拿對了!!
哇，接下來也是!!
結果，我拿對12張，女兒20張，老公22張。
哇哇哇～～!!
你為什麼不故意輸給她呢？
啊，我就贏了，要怎麼輸？
哇哇～
不過，有時還是會因而起爭執，

第 4 章
小米 4 歲 6 個月～ 4 歲 10 個月

小米，我們再玩一次吧!!
來嘛!! 來玩嘛!!
抽泣
抽泣
嗯～我記得8是在這邊，那就改拿這邊的，
啊～我又沒配成對了!!
翻
應該知道怎麼做吧？
唉呀，把拔也沒配成對！
嗯嗯
翻
8在這邊啦！
哇～小米拿對了！
像這樣，兩個大人玩撲克牌的時候都得煞費心思。
翻
翻
我小時候全家人也經常一起玩撲克牌，
直子妳作弊!!
瞄
我沒做什麼啊！
直子偷看牌喔？
妳明明有偷看!!
我沒有!!
其實有
啊—
啊—
有姊弟的話，大家更計較輸贏，
不要吵啦～
哇—
哇—
但也因此慢慢地學會了遊戲的規則。
哼

開始玩牌7
我來發牌
很久……
慢吞吞
慢吞吞
女兒還不太會拿牌，所以全部都攤開來。
嗯～嗯～
排開～
小米的牌不是很好
嗯……
我出這一張的話，她應該知道自己該出哪一張牌吧？
那馬麻出這張。
♪～
哼，小亞停在黑桃……
我好像沒有牌可以出……
馬麻，給我看看妳手上有哪些牌？
探頭
妳沒有牌可以出喔？
那我出這張。
啪
哇～謝謝！
太好了～
那把拔出這張。
啪
哇～謝謝把拔！
暫時就先這樣互相體貼玩撲克牌吧。

很明顯的那張就是鬼牌……

露露、小露露和馬麻

女兒非常喜愛的露露娃娃，
鏘
最近又多了一個。
RuRu
RuRu
娃娃的長相是一樣的，不同的是這個是長頭髮，
露露～
小露露～
為了方便區分，女兒這麼叫。
嘿！
妳們知道撲克牌是什麼東西嗎？
還是愛擺出姊姊的模樣。
噗
我在叫妳啦!!
啊，什麼事？
轉身
現在我得扮演兩個娃娃的角色
聲音很高
撲克牌是什麼東西啊？
小露露妳也不知道喔？
那是好吃的東西嗎？
哈哈哈
不是吃的東西啦。
演完短劇之後，四個人一起玩牌7。
從我先。
當然娃娃的分我也得負責，
那露露出這張～
馬麻出這張～
腳亂
手忙
很累人
小露露出這張～
嗯～露露……
不對
腳亂
手忙
換露露了。
露露出這張!!

第4章

小米4歲6個月～4歲10個月

到了公園
咻~
哇~溜滑梯好好玩喔!!
那接下來換小米姊姊溜囉~
哇~小米姊姊好酷喔!!
嗚嗚，在外面這樣做有點丟臉。
我們一起來玩盪鞦韆吧！
抱著娃娃盪鞦韆危險!!
啊，不行!!
過了一會，
馬麻，妳幫我拿露露和小露露。
女兒一個人卯足勁玩了起來。
呼
看到孩子在太陽下精力充沛地玩，
我也不由得放心了。
把娃娃收起來了
嗚嗚，今天好累喔。
辛苦了！
呼—
呼—
我們晚上好好睡一覺吧!!

不想去洗澡的時候，用這招也有效。

各式餐點夾雜

今天全家一起外出。
中午要吃什麼？
小米妳想吃什麼？
嗯～嗯～
這個～
低語……
不知為何要小聲地說
ㄜˊ童餐
類似親子餐廳的店
女兒兩次中有一次都是點這個
歡迎光臨～
啊，有兒童餐耶。
KID'S MENU
附飲料、甜點、湯、玩具
有漢堡排、歐姆飯和咖哩可以選。
歐姆飯套餐 480日圓
漢堡排套餐 480日圓
咖哩飯 380日圓
我要點漢堡排套餐。
小米總是很快就決定點什麼，真好。
GRAND MENU
我點什麼好呢？
嘩啦
嘩啦
GRAND MENU
擔擔麵看起來很好吃，可是不能分給小米，
我點海鮮蓋飯。
很愛吃生魚片
要點餐了嗎？
嗯，那我……
一個漢堡排兒童套餐，一個海鮮蓋飯套餐，一個醬油拉麵餃子套餐。
老公很喜歡吃辣的，但是總不好意思點。

第 4 章
小米 4 歲 6 個月～ 4 歲 10 個月

這是給小朋友的玩具，請挑一個!!
釣魚
摺紙
兒童餐經常會附玩具，女兒就是看上這點。
咯—
咯—
哇—，小米要哪一個？
我要這個!!
好羨慕喔
公主首飾
讓您久等了。
這是漢堡排兒童套餐。
對女兒來說量已經非常足夠，
布丁
很——多
海鮮蓋飯和醬油拉麵套餐。
……
哇—♥
馬麻吃生魚片，好羨慕喔～。
DRINK
馬麻的生魚片分妳一些
要不要茶碗蒸？
很喜歡吃鮭魚
夾
夾
把拔的拉麵也分妳一點。
要不要吃一點餃子？
但是最後都會被加了很多東西，變成大分量的兒童套餐。
布丁
很多——!!

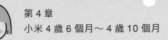

耶~鮭魚!!
根據以往的經驗，
吃
吃
女兒經常也會吃很多大人點的東西。
一直在吃拉麵
果然……
呼嚕
呼嚕
她雖然很喜歡吃兒童餐常會附的薯條，
大口吃
大口吃
番茄醬
沾
這個我不要
那我的味噌湯跟你換好了
但不知為何卻不太喝同樣常會附的玉米濃湯。
於是，我變成吃料變少的海鮮蓋飯和玉米濃湯的套餐。
不對味……
而老公，
小米，妳不吃了嗎？
漢堡排呢？
布丁呢？
差不多吃飽了吧？
那給把拔吃囉!!
把剩下的兒童套餐全部吃光光，
狼吞
虎嚥
呼~，肚子好脹喔。
看來大人想慢慢享用自己喜歡吃的東西，還得再過些時日。
啪

很難進到沒有兒童餐的餐廳用餐。

結婚 6 周年紀念日

結婚紀念日到高級一點的餐廳吃飯，
第一年
呵呵呵
這麼做也不過只持續到第三年左右，
噫？
結婚紀念日是不是快到了？
擦
擦
哇～，已經過了三天!!
去年是第五年，兩個人都忘得一乾二淨。
今年，
噫？
明天是不是結婚紀念日？
擦
擦
啊～，傍晚要帶小米去打預防針!!
好不容易想起來，可是卻不小心安排了預定行程。
嗯～，以前曾經有打預防針後發燒的紀錄。
不過應該是沒問題
還是不要去外面吃飯，以防萬一。
於是，結婚紀念日就變成預防注射日。
好乖喔～
滿能耐痛的
六年了……
想想這六年經歷了生產、搬家，還有很多很多事情。

第4章
小米4歲6個月～4歲10個月

我們來玩花牌~
最近教女兒玩花牌，沒想到她竟然迷上了，
來來!!
小米好厲害~
這花牌太薄了，下次買好一點給小米玩吧。
耶~!花見酒~!
在百圓商店買的
還有小米的鞋子都太小了
啊，蛋都沒有了!!
米也沒有了!!
得去買才行!!
結果想到的都是女兒的東西和日用品，
晚上女兒睡著以後，把女兒託給婆婆，兩個人一起出去買東西。
走
走
六年前，我們也常常這樣兩個人晚上出來散步。
為了備孕→
那時候走好多路喔。
有時還特地跑到很遠的超市去買石榴汁。
聽說這有助於受孕!!
石榴100%果汁
很少見
哈哈哈，難忘的回憶~
我們決定在超市各買一個自己喜歡的泡麵
我買這個好了。
我買這個。
特大炒麵MAX
這就是我們的結婚六周年紀念日。

沒想到真的會忘記……

小米快滿 5 歲了

女兒的頭髮越來越長了。
很長~~
馬麻也想去剪頭髮，我們一起去美容院吧。
我不想去，
馬麻妳一個人去吧。
打擊手—
女兒以前很喜歡上美容院剪頭髮，但是最近變得不太願意去。
看來似乎開始嚮往留長頭髮，
班上有很多女生留長髮
可是這樣很容易打結，
好痛喔~
瀏海也會跑進眼睛裡。
有一天幫女兒把頭髮綁起來，她似乎很滿意，
只剪瀏海
好看~
呵呵~
哇~，小米好可愛喔！
像個小姊姊~
女兒說要把頭髮留長一點。
掰掰~~，我妹妹頭的同伴……

第 4 章
小米 4 歲 6 個月～ 4 歲 10 個月

女兒最近穿衣服
也越來越有自己的主見，
我不要
穿那一件！
為什麼？
很可愛啊！
妳穿一次
看看嘛！
來嘛
來嘛
不要，
不要～
不喜歡的衣服
說什麼都不願意穿。
嗚嗚，
這衣服
很貴餒……
也很可愛
以後買衣服
一定要
問她本人
喜不喜歡才買。
突然變得
愛漂亮，
轉圈
轉圈
喜歡的
洋裝、包包
和項鍊
不過這也難怪，
小米可是
都會的女孩呀！
過些時候，
她如果要我們帶她去
原宿或澀谷，那怎麼辦？
現在
流行
什麼啊？
流行什麼？
我也
不知道。
可是那種地方
大概很快就會跟朋友
一起去吧？
搞不好是跟
男朋友去呢。
再過些時候
男方如果來提親，
那怎麼辦？
哇—，
天啊!!
不行～～

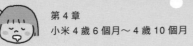

不管對方的條件再怎麼好，我都要先表示反對才行~~!!
可是，
我很晚才結婚，不知道小米會幾歲結婚？
41歲結婚
如果小米也跟我同年紀結婚，
我們已經80幾歲了
我不會把女兒嫁給你的~
85歲
82歲
還活著嗎？
……
還是讓她早點結婚比較放心
嗯~，可是~
雖然還很久以後的事，
但是小米出生已經快五年了
哇~
哇~
這五年時間真的過得很快，
這時間只要再重複三次，
髮箍
啦啦
啦啦
小米就20歲了。
嗚嗚，小孩子真的長得很快~。
皇冠~
是啊……
梅花開的時候，
啾~
啾啾~
女兒就滿5歲了。

女孩子的髮型真難弄!!

流行考試的遊戲

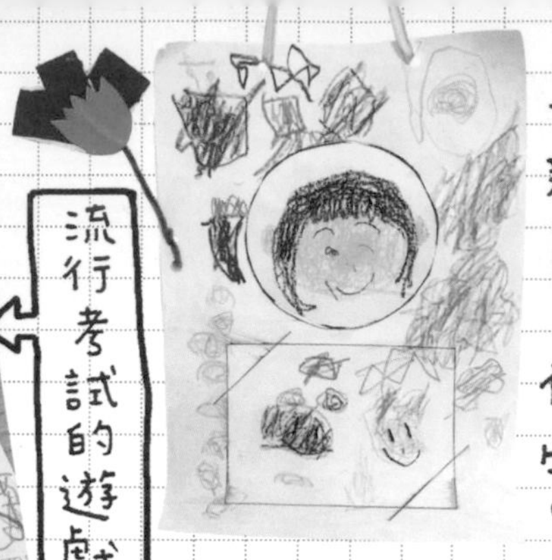

母親節的禮物♡

有的問題很難

育兒回憶～

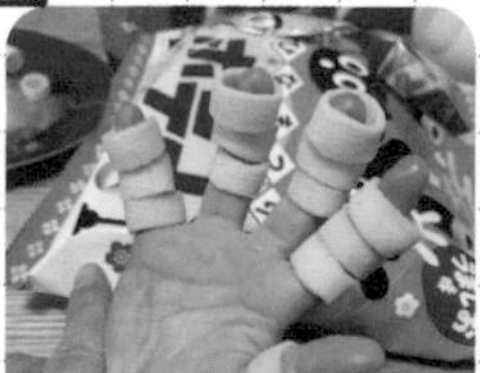

小孩常會這麼做

鬼來了～～!!

提心吊膽

嘿咻嘿咻

口袋裡面

經常有橡實或石頭

過年

婆婆做的各種煮物♡

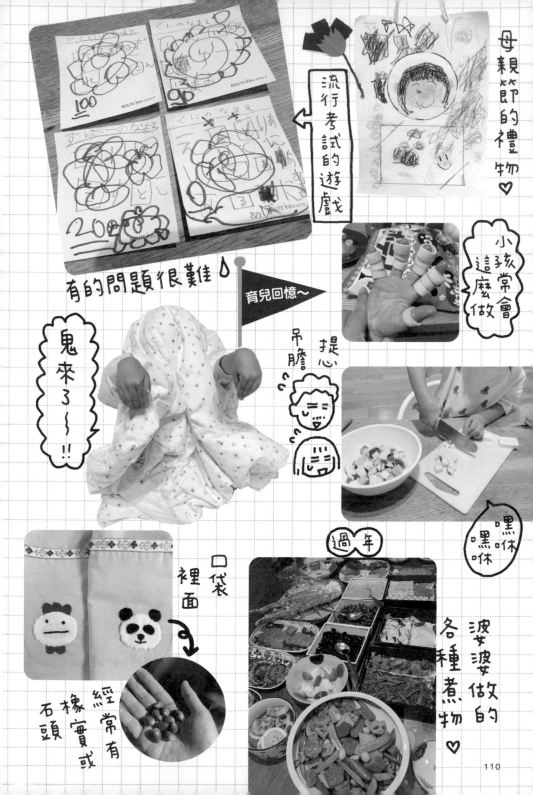

番外篇

爸爸的每一天

爸爸的每一天

今天是星期六，老公正在做午餐。
咚
咚
咚
把拔，我肚子餓了～
快好了。
嗞～
直子妳也來吃飯吧～
好。
廚房旁邊的工作間(1.3坪)
老公做了三種義大利麵。
耶～，把拔做的義大利麵～
好厲害，做了三種。
鱈魚子、茄汁、吻仔魚辣味麵
小米妳的沒有放辣椒喔。
別看老公現在做菜時動作這麼俐落，
聽說他結婚以前因為住家裡，其實很少做菜。

以前老公的工作平日才有放假，和朋友的假日時間很難配合，
來看電視劇吧。
所以樂趣就是看看錄下來的電視劇，
吃飯了～
期待
歡欣
據說所有的電視劇都大概知道內容
偶爾有連假，就一個人出去旅行，
去奈良·京都看看佛像，
走走熊野古道，
搭臥鋪特快車北斗星號去北海道，
法式料理套餐
轟隆……
皇家單人房
轟隆……
我也搭過北斗星號一個人去旅行，不過是比老公次一級的房間，房間很小，吃的是咖哩飯，
法式料理套餐太貴
轟隆……
轟隆……
吃咖哩飯就很滿意了♥
老公現在還是常拿來炫耀
北斗星號的法式料理套餐好好吃，
皇家單人房也有淋浴設備。
北斗星號已經於2015年停駛

吃過飯，
把拔，馬麻，
我們來玩吧～
猜謎遊戲
撲克牌
我下午可以繼續工作嗎？
我們來玩吧～
我們來玩吧～
有點來不及……
好啊～
小米，跟把拔去大公園玩吧～
好啊好啊!!
帶風箏和羽毛球拍去!!
兩個人到遠一點的公園去了。
走囉～
太感謝了～
女兒2歲的時候，老公換了工作，星期六、日固定放假，
現在星期六、日都用來陪女兒，
啦啦
啦啦
我則利用這兩天專心工作

噫？
叮～♪
這種時候，老公經常從外面傳照片過來。
哈哈哈，看來很開心！
我們到公園了，現在在放風箏。
女兒也很高興爸爸可以好好地陪她玩，
發現貓熊的遊具，超開心！
爬到攀登架頂端了
現在開始打羽球
接下來……
啊!!
我們進到剉冰店了
我也想吃剉冰！
怎麼拋下我?!
認識老公以來，他的脾氣一直都很好，很少生氣。

對女兒也非常溫柔，
把拔～
可是小孩子一定會有不聽話的時候，
小米，不要這樣啦～
咯—
咯—
好痛喔！
太危險了!!
滾～
啊!!
ㄎㄨㄑ
都是把拔你害的啦!!
哇—
是把拔不好～
這種時候我會忍不住開罵，
明明跟妳說危險，妳還那樣，才會摔下來的！
心浮
氣躁
馬麻不理妳了!!
但是老公絕對不會生氣。
哇～，小米，要不要緊？
乖乖～
哇—
哇—
可是把拔的腳也有點痛，
還是不要做這種危險的事。

儘管如此，女兒有時候還是會鬧彆扭，
哼！把拔，我不理你了!!
噠噠
學我說話
啊……
小亞，你好厲害，這種時候也不會罵小孩。
你不會覺得很煩嗎？
小米～
我不會想罵小米，
也不覺得煩，
當然要是真的做什麼危險事，我也是會提醒她，
與其說是罵，
應該是教誨？
看老公那樣對待女兒，我有時也會反省一下自己的態度。
我講話的時候要再小心一點。
小米會學
話又說回來，他們兩個要玩到什麼時候？
已經傍晚了
嘎—
嘎—
噫？
嘎噠

我們回來了~
小米坐在腳踏車上睡著了。
呼—
呼—
哇—
像這樣大玩特玩的隔天，
好累喔~
呼—
呼—
我也來睡一下。
辛苦了~
好痛喔……
大概是昨天打羽毛球的時候扭到了，
要不要緊？
腰好痛！
蹣跚……
要不要貼個貼布？
嘎啦
啊！
窸窣
窸窣
把拔~早!!
哇!!
撲通

小米，把拔說他腰痛。
是喔？
那我幫把拔按摩!!
咚
咚
咚
咚
小米，謝謝妳~
呼~，小米，謝謝妳，把拔好一點了。
也綁了護腰♥
那我們今天來做蘋果派吧！
蘋果派？
昨天說好要一起做的。
好啊~
廚藝越來越好的老公，有時也會做甜點給我們吃，
女兒也很有興趣參與
拌一拌~
小亞的生活
這幾年也變化很大。
啊……香香甜甜的♥
味道撲鼻~
咯
咯

不能像以前一個人隨興地去旅行，
也不能看喜歡的電視劇，
不行!!
女兒握有轉台權
換了工作
疲憊日積月累，
可是看起來好開心，
烤好了～!!
哇～
烤得
好漂亮喔!!
蘋果派！
蘋果派！
小米
好棒喔～!!
我做的～
小米只有
一開始幫點忙，
其餘幾乎都是我做的。
呼……
我們
來吃吧～
加一點
香草冰淇淋
更好吃喔！
奶奶
妳也吃
嘛～
謝謝，
好好吃喔～
開心
開心
香草
剛出爐的
真好吃!!
到了晚上，
哎喲～

放假結束了喔？
明天我不想去上幼稚園！
翻滾
翻滾
不可以這樣。
把拔~
嗯？
為什麼禮拜六禮拜天一下子就過去了？
把拔也覺得，
呼~
禮拜六禮拜天時間過得好快。
可是禮拜一、禮拜二、禮拜三……，努力幾天，禮拜六禮拜天很快就到了呀。
嗯~
下禮拜馬麻也想一起出去玩。
下禮拜我想去遊樂園!!
好啊，偶爾去一下也不錯!!
那趕快睡覺，明天才有力氣上幼稚園。
晚安~
呼
把拔辛苦了!!

爸爸版

育兒回憶~

情人節的信

ぱぱへだいすきだよ
ちょこれーとかってきたよ

父親節的禮物

把拔謝謝!

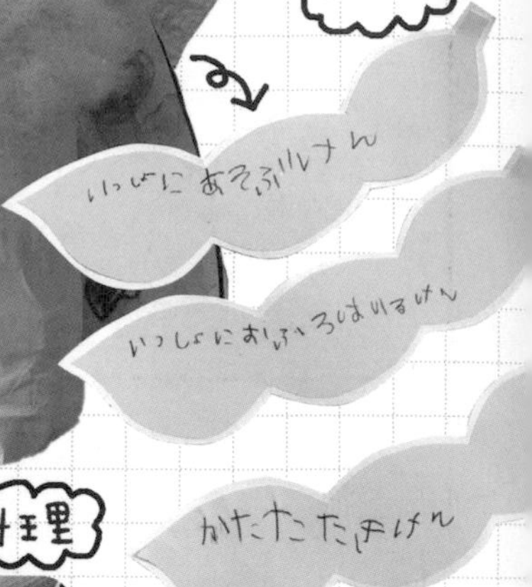
いっしょにあそぶけん
いっしょにおふろはいるけん
かたたたきけん

手作的口罩盒

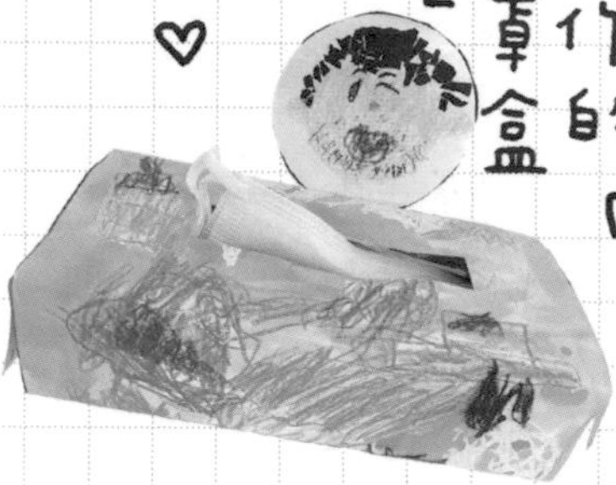

父女合作的料理

水果+動物造型糯米圓

超級拿手的義大利千層麵

蘋果派

披薩

DIY

大小剛好♡

請老公幫我做的放在工作間的櫃子

努力製作的水果醋

譯者注：「川柳」是日文定型詩的其中一種，與俳句一樣，也是十七個音節，按照5、7、5的順序排列。以口語為主。

尾聲 小米明年念小一

女兒5歲了，春天開始念大班。
剛上幼稚園的時候，大班的小朋友看起來又高又大，
可是小米個子很小，也還很幼稚，
嘈雜
嘈雜
看起來還是小小一個。
早～
沒想到，
啊，新進幼稚園的小朋友!!
哇，制服也還太大!!
哇～
哇～
好小喔～
好可愛喔
心動
女兒果然還是長大很多了，
哎呀呀，在哭耶。
室內鞋已經換第四雙了，
換了大一點的，比較好穿了吧？
終於願意自己穿鞋
幼稚園又重新分班，這次終於和在兒童館認識的那個小朋友同一班，
幼稚園面試那天
你們也是申請這家幼稚園
是啊
小米～
請參照媽媽的每一天

※《媽媽的每一天：高木直子陪你一起慢慢長大》

兩個人很快成了好朋友，
我們一起進教室吧！
拉
當時我們在什麼都不太懂的情況下，努力地帶小孩上兒童館，孩子們大概也不記得，不過卻因此結緣，說來真是有趣。
育兒歡樂操~
嗚~
0歲寶寶班
嗚嗚，小米終於有朋友了。
早~，今天要開家長會，沒錯吧？
另外，我也和那位媽媽一起當這屆家長教師聯會的幹事，
十一點開始，是吧？
辛苦了~
哈哈哈
回去一下又得過來了。
老實說，我其實不太想當，可是幹事間要彼此溝通一些事情，
用班上的line群組跟大家聯絡
也比較有機會和其他的媽媽說話，
妳好，我來收錢。
好的
哇，我忘了，明天交可以嗎？
對不起
我也終於稍稍融入班上的圈子了。
嘿嘿嘿

你們去挑書包了嗎？
啊，還沒……
周圍已經開始在談論這方面的話題，
現在才春天，太早了吧？
現在大家好像很早就訂了。
聽說人氣商品很快就會賣完了!!
於是我們也去看看
熱鬧
熱鬧
書包展售會
哇～，這個書包好可愛喔!!
有刺繡
哇!!背面是印花布耶～
有蝴蝶結
白色?!
顏色的種類也很多!!
銀色?!
啊，這個上面寫所剩不多!!
這系列是每年銷售一空的限定款。
怎麼辦？
小米妳喜歡哪一個？
我不知道～
我們也焦急起來，後來又去看了幾家，結果六月就訂好了書包。

另一方面，
小米仍然繼續去學鋼琴，
嘿咻
嘿咻
還是經常在
腳踏車上睡著，
到了……
後仰～
啊
所以要用抱的
抱到教室。
嘿咻
嘿咻
搖晃～
最近女兒似乎開始覺得
被人家抱很不好意思，
所以只有這種時候
才會在路上抱她，這時，
吁吁……
氣喘……
噫？
突然看到女兒
映在玻璃上的身影，
真的長大
了……
Pachinko
很大～
新機台
不由得感動起來。
鋼琴班夏天會有一場發表會，
小米將第一次上台表演!!
鋼琴發表會

以前的發表會上，
女兒又蹦又跳不亦樂乎，
恰
鏘
但是這次的發表會
要鋼琴獨奏兩首曲子!!
啊，
錯了錯了！
我不要練了啦
怎麼辦，
下星期就是
發表會了，
還沒辦法
從頭到尾
完整彈一次!!
全身乏力
也不練習
我很擔心女兒的自尊心很強，
如果在大家面前出錯沒彈好，
我不要學
鋼琴了~
搞不好會這麼說。
沒想到她當天很沉著
也彈得很好
正確無誤
是屬於那種
臨陣不亂型的?!

女兒高興極了。
喔危險～
呼～，太好了！
好累喔
看樣子鋼琴還會持續學一陣子。
另外，這年夏天，老公開車，我們三個人一起回三重縣老家。
噗
帶爸媽一起去好久沒去的海水浴場。
海耶～
嘩啦——
大家一起泡在海水裡，隨波漂蕩。
包住頭和臉頰
夏天快結束的時候，
叮咚——

很大～!!
某某皮包店
我們訂的書包送來了。
他們不是說要現在訂，明年三月才來得及交貨嗎？
這麼早？
我們還是太早訂了吧？
市面上的書包種類很多，
可是女兒選了最普遍的紅色，
還太大了。
很重
哎喲
整個人看起來快被書包壓扁了。
這裡面再放課本什麼的，就更重了。
聽說現在的小學生還要帶平板電腦去學校。
還有水壺等等
而且要一個人走到學校，
無法想像!!

上小學以後我也想用腳踏車送她去，不然我不放心。
可不可以啊？
可是一開始大概有很多家長會送孩子到校門口吧？
不可以吧
對了，中午也要在學校吃營養午餐，是不是？
小米可以嗎？
吃飯吃那麼慢
課業也會越來越重，小米受得了嗎？真擔心～
還有體育課，小米不會游泳，而且跑得很慢……
要不要讓她去學游泳？
還有在班上會不會被霸凌什麼的？
啊啊，
我們有好多好多的擔憂，
不過應該也會很快習慣那種生活，
我去上學了～～！
進而變成日常吧？

女兒出生的時候，
由於是第一次當媽媽，
很多事情都讓我驚慌失措，
乖
乖
哇~~
哇~~
尿布
女兒開始學走路的時候，
育兒也進入第二階段，
哇—！，加油~~！！
晃晃
搖搖
買了腳踏車以後，
則進入了第三階段，
咯—
走囉~~！！
變成目送女兒上學的
那時候，
路上小心~
或許我會覺得
這是
第四階段的開始。
POST

怎麼光想像眼淚就……
馬麻～馬麻～
露露～小露露～
馬麻～妳回答：「什麼事？」
小米，玩洋娃娃這種遊戲差不多該……
馬麻～妳現在是露露和小露露啦!!
抓
不行!!
什……
什麼事？
不過現在擔心那些還太早，先把書包收起來，等到春天再拿出來。
我們來玩撲克牌吧～
蛤？
好啊好啊～
在那之前，我希望能每天好好珍惜所剩不多的幼稚園生活。
完

育兒筆記

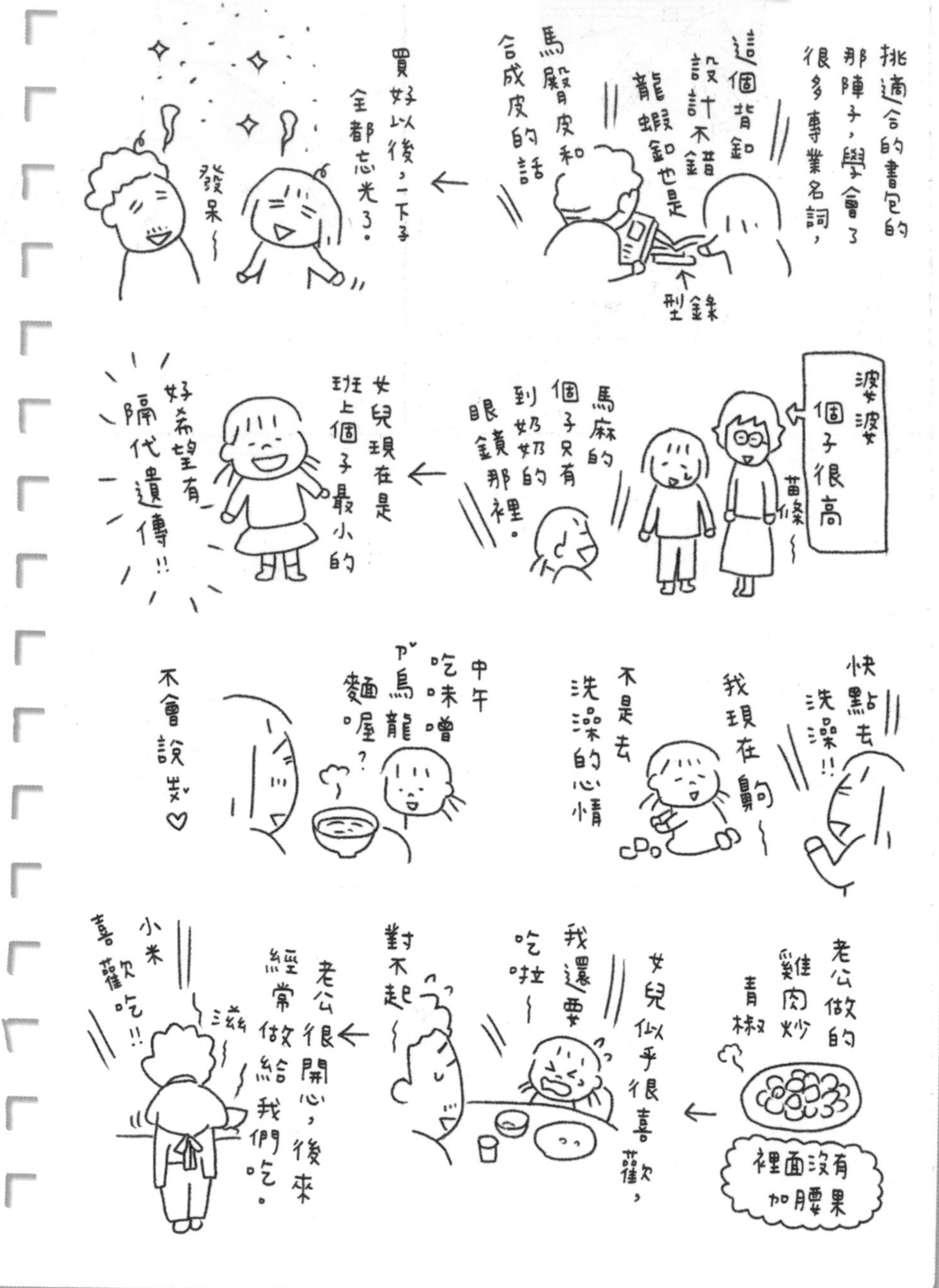
挑適合的書包的那陣子，學會了很多專業名詞，
這個背釦設計不錯
龍蝦釦也是
馬鞍皮和合成皮的話
型錄
買好以後，一下子全都忘光了。
發呆~
婆婆個子很高
苗條~
馬麻的個子只有到奶奶的眼鏡那裡。
女兒現在是班上個子最小的
好希望有隔代遺傳!!
快點去洗澡!!
我現在躺~
不是去洗澡的心情
中午吃味噌烏龍麵喔?
不會說耶♡
老公做的雞肉炒青椒
裡面沒有加腰果
女兒似乎很喜歡，
我還要吃啦~
對不起~
老公很開心，後來經常做給我們吃。
小米喜歡吃!!
滋~

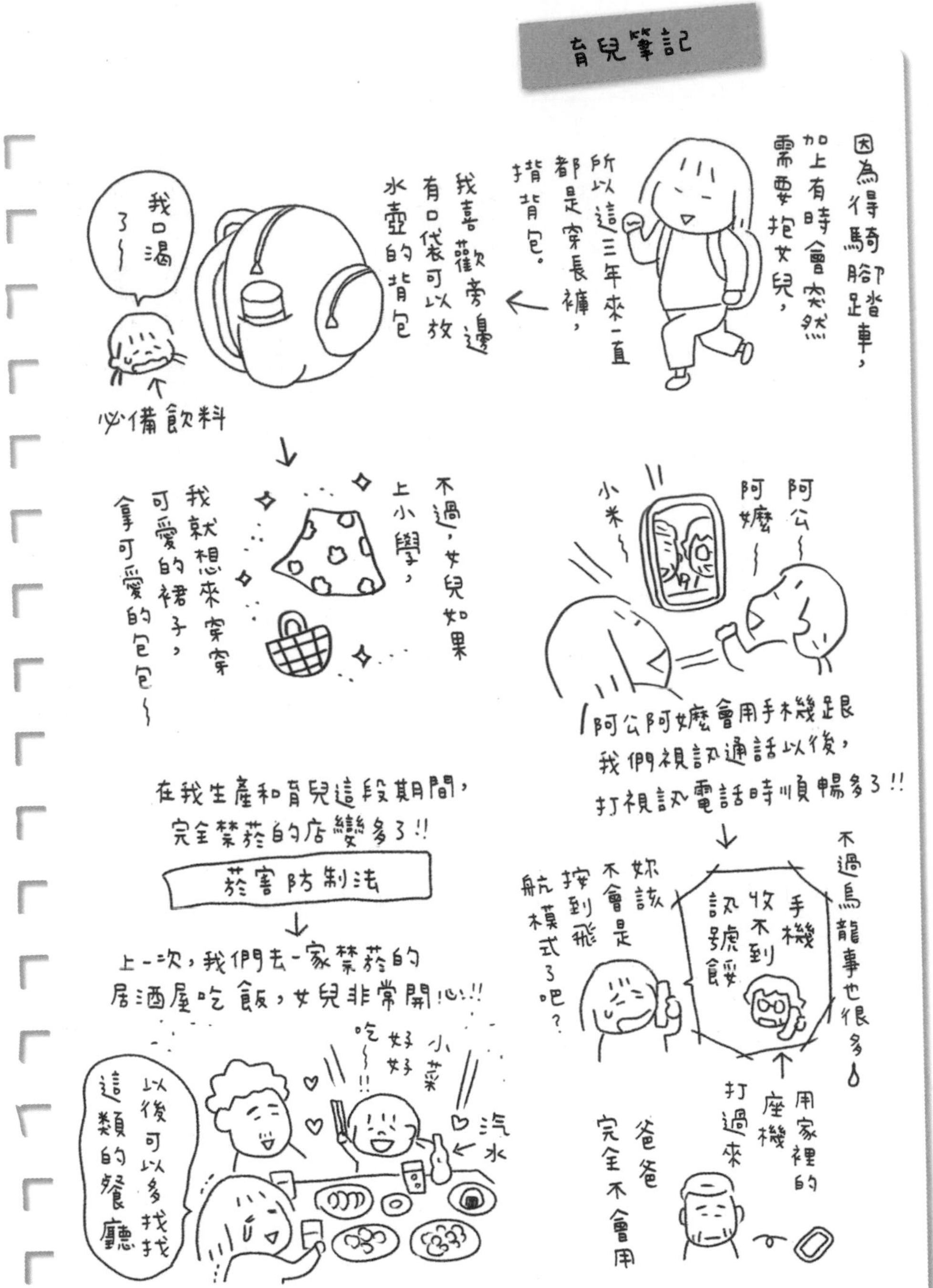
育兒筆記
因為得騎腳踏車，加上有時會突然需要抱女兒，
所以這三年來一直都是穿長褲，揹背包。
我喜歡旁邊有口袋可以放水壺的背包
我口渴了～
必備飲料
不過，女兒如果上小學，
我就想來穿穿可愛的裙子，拿可愛的包包～
阿公～
阿嬤～
小米～
阿公阿嬤會用手機跟我們視訊通話以後，
打視訊電話時順暢多了!!
不過烏龍事也很多
手機收不到訊號耶
妳該不會是按到飛航模式了吧？
用家裡的座機打過來
爸爸完全不會用
在我生產和育兒這段期間，完全禁菸的店變多了!!
菸害防制法
上一次，我們去一家禁菸的居酒屋吃飯，女兒非常開心!!!
吃～!!
好好
小菜
汽水
以後可以多找找這類的餐廳

後記

時間過得很快，《媽媽的每一天》系列已經是第三本了，
而這也是最後一本。
非常感謝大家一直以來的支持。

原本只是個小嬰兒的女兒，現在已經頗有小姊姊的模樣，
最近也開始學會打扮，也能明確表達自己的意見。
本書最後一篇漫畫上的結語是「希望能好好珍惜所剩不多的幼稚園生活」，
但那之後也忙著出單行本，不知不覺間，寫這篇後記的一星期前，
幼稚園的畢業典禮結束了!!
不知道是時間過得太快，還是我畫得太慢？
本來就預料女兒畢業典禮的時候我會哭，沒想到竟然超乎想像，
從典禮開始到結束我都一直緊握著手帕。
看自己女兒的時候，我倒是比較冷靜，
但是看到一起度過三年時光的其他小朋友們成長茁壯的身影，卻叫我不禁感動落淚。

老公也是紅了眼眶，但女兒卻若無其事。

回想起來，女兒從進幼稚園到畢業，都是在疫情期間，
在幼稚園裡也得戴口罩，遠足等等各類活動也被迫取消，
為人家長的也很難過。（和第一、二本一樣，本書中我也沒畫口罩。）
不過，畢業典禮的時候，終於大家可以脫下口罩，
想到疫情終於要結束了，更是感動。

女兒四月要開始上小學了!!
還無法想像會是什麼樣的生活，我們和小孩也因此忐忑不安。
收起來的書包也差不多該拿出來了。
春天應該有很多人要進入新階段的生活，
希望大家的每一天都能像新綠般燦爛耀眼。

2023年3月 **高木直子**

たかぎ 祝 なおこ
20
周年
ANNIVERSARY

賀 高木直子日本出道20周年

非常感謝
各位讀者20年份的
支持與鼓勵!!

生活系列

便當實驗室開張：
每天做給老公、女兒，
偶爾也自己吃

高木直子現在每天為女兒和老公帶便當。花心思切切煮煮，考慮菜色、味道、擺盤、份量。

做便當的每一天啊，以後想起來，也是記憶幸福味道的每一天呢。

媽媽的每一天：
高木直子東奔西跑的日子

人氣系列：來到《媽媽的每一天》最終回，依依不捨！
同場加映：爸爸的每一天，小亞充滿愛的視角大公開！
有笑有淚：高木直子 vs 女兒小米的童年回憶對照組！

媽媽的每一天：
高木直子陪你一起慢慢長大

不想錯過女兒的任何一個階段，二十四小時，整年無休，每天陪她，做她「喜歡」的事……
媽媽的每一天，教我回味小時候，教我珍惜每一天的驚濤駭浪。

媽媽的每一天：
高木直子手忙腳亂日記

有了孩子之後，生活變得截然不同，過去一個人生活很難想像現在的自己，但現在的自己卻非常享受當媽媽的每一天。

已經不是一個人：
高木直子40 脫單故事

一個人可以哈哈大笑，現在兩個人一起為一些無聊小事笑得更幸福；一個人閒散地喝酒，現在聽到女兒的飽嗝聲就好滿足。

再來一碗：
高木直子全家吃飽飽萬歲！

一個人想吃什麼就吃什麼！兩個人一起吃，意外驚喜特別多！現在三個人了，簡直無法想像的手忙腳亂！
今天想一起吃什麼呢？

150cm Life
(台灣出版16周年全新封面版)

150公分給你歡笑，給你淚水。不能改變身高的人生，也能夠洋溢絕妙的幸福感。送給現在150公分和曾經150公分的你。

一個人住第5年
（台灣限定版封面）

送給一個人住與曾經一個人住的你！
一個人的生活輕鬆也寂寞，卻又難割捨。有點自由隨興卻又有點苦惱，這就是一個人住的生活！

一個人住第幾年？

上東京已邁入第18個年頭，搬到現在的房子也已經第10年，但一個人住久了，有時會懷疑到底還要一個人住多久？

一個人住第9年

第9年的每一天，都可以說是稱心如意……！終於從小套房搬到兩房公寓了，終於想吃想睡、想洗澡看電視，都可以隨心所欲了！

生活系列

一個人漂泊的日子①
（封面新裝版）

離開老家上東京打拚，卻四處碰壁。大哭一場後，還是和家鄉老母說自己過得很好。
送給曾經漂泊或正在漂泊的你，現在的漂泊，是為了離夢想更進一步！

一個人漂泊的日子②
（封面新裝版）

一個人漂泊的日子，很容易陷入低潮，最後懷疑自己的夢想。
但當一切都是未知數，也千萬不能放棄自己最初的信念！

一個人好想吃：
高木直子念念不忘，
吃飽萬歲！

三不五時就想吃無營養高熱量的食物，偶爾也喜歡喝酒、B級美食……
一個人好想吃，吃出回憶，吃出人情味，吃出大滿足！

一個人做飯好好吃

自己做的飯菜其實比外食更有滋味！一個人吃可以隨興隨意，真要做給別人吃就慌了手腳，不只要練習喝咖啡，還需要練習兩個人的生活！

一個人搞東搞西：
高木直子閒不下來手作書

花時間，花精神，花小錢，竟搞東搞西手作上癮了；雖然不完美，也不是所謂的名品，卻有獨一無二的珍惜感！

一個人好孝順：
高木直子帶著爸媽去旅行

這次帶著爸媽去旅行，卻讓我重溫了兒時的點滴，也有了和爸媽旅行的故事，世界上有什麼比這個更珍貴呢……

一個人的第一次
(第一次擁有雙書籤版)

每個人都有第一次，每天都有第一次，送給正在發生第一次與回憶第一次的你，希望今後都能擁有許多快樂的「第一次」！

一個人上東京

一個人離開老家到大城市闖蕩，面對不習慣的都市生活，辛苦的事情比開心的事情多，卯足精神求生存，一邊擦乾淚水，一邊勇敢向前走！

一個人邊跑邊吃：
高木直子呷飽飽馬拉松之旅

跑步生涯堂堂邁入第4年，當初只是「也來跑跑看」的隨意心態，沒想到天生體質竟然非常適合長跑，於是開始在日本各地跑透透……

一個人出國到處跑：
高木直子的海外歡樂馬拉松

第一次邊跑邊喝紅酒，是在梅鐸紅酒馬拉松；第一次邊跑邊看沐浴朝霞的海邊，是在關島馬拉松；第一次參加台北馬拉松，下起超大雨！

一個人去跑步：
馬拉松1年級生
(卡哇依加油貼紙版)

天天一個人在家工作，還是要多多運動流汗才行！
有一天看見轉播東京馬拉松，一時興起，我也要來跑跑看……

一個人去跑步：
馬拉松2年級生

這一次，突然明白，不是想贏過別人，也不是要創造紀錄，而是想挑戰自己，「我」，就是想要繼續快樂地跑下去……

一個人吃太飽：
高木直子的美味地圖

只要能夠品嚐美食，好像一切的煩惱不痛快都可以忘光光！
只要跟朋友、家人在一起，最簡單的料理都變得好有味道，回憶滿滿！

一個人和麻吉吃到飽：
高木直子的美味關係

熱愛美食，更愛和麻吉到處吃吃喝喝的我，這次特別前進台灣。一路上的美景和新鮮事，更讓我願意不停走下去、吃下去啊……

一個人暖呼呼：
高木直子的鐵道溫泉秘境

旅行的時間都是我的，自由自在體驗各地美景美食吧！
跟著我一起搭上火車，遨遊一段段溫泉小旅行，啊～身心都被療癒了～

一個人到處瘋慶典：
高木直子日本祭典萬萬歲

走在日本街道上，偶爾會碰到祭典活動，咚咚咚好熱鬧！原來幾乎每個禮拜都有祭典活動。和日常不一樣的氣氛，讓人不小心就上癮了！

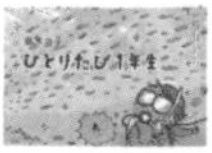

（行李箱捨不得貼紀念版）

一個人去旅行：
1 年級生

一個人去旅行，好玩嗎？一個人去旅行，能學到什麼呢？不用想那麼多，愛去哪兒就去哪吧！
試試看，一個人去旅行！

（行李箱捨不得貼紀念版）

一個人去旅行：
2 年級生

一個人去旅行的我，不只驚險還充滿刺激，每段行程都發生了許多意想不到的插曲……這次為你推出一個人去旅行，五種驚豔行程！

慶祝熱銷！
高木直子限量贈品版

150cm Life ②　（獨家限量筆記本）

我的身高依舊，沒有變高也沒有變矮，天天過著150cm的生活！不能改變身高，就改變心情吧！150cm最新笑點直擊，讓你變得超「高」興！

150cm Life ③　（獨家限量筆記本）

最高、最波霸的人，都在想什麼呢？一樣開心，
卻有不一樣的視野！
在最後一集將與大家分享，
這趟簡直就像格列佛遊記的荷蘭修業之旅～

我的30分媽媽
（想念童年贈品版）

最喜歡我的30分媽咪，雖然稱不上「賢妻良母」啦，可是迷糊又可愛的她，把我們家三姊弟，健健康康拉拔長大……

我的30分媽媽 ②　（獨家限量筆記本）

溫馨趣味家庭物語，再度登場！
特別收錄高木爸爸珍藏已久的「育兒日記」，
揭開更多高木直子的童年小秘密！

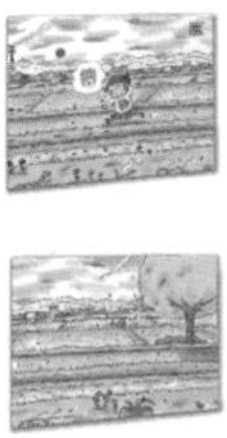

一個人的狗回憶：高木直子到處尋犬記
（想念泡泡筆記本版）

泡泡是高木直子的真命天狗！16年的成長歲月都有牠陪伴。「謝謝你，泡泡！」喜歡四處奔跑的你，和我們在一起，幸福嗎？

高木直子周邊產品禮物書

Run Run Run

TITAN 152

媽媽的每一天
高木直子東奔西跑的日子

高木直子◎圖文
洪俞君◎翻譯　陳欣慧◎手寫字

出版者：大田出版有限公司
台北市104中山北路二段26巷2號2樓
E-mail：titan@morningstar.com.tw
http：//www.titan3.com.tw
編輯部專線（02）25621383
傳真（02）25818761
【如果您對本書或本出版公司有任何意見，歡迎來電】

填回函雙重贈禮♥
①立即送購書優惠券
②抽獎小禮物

總編輯：莊培園
副總編輯：蔡鳳儀
行銷編輯：張筠和
行政編輯：鄭鈺澐
編輯協力：中村玲
校對：金文蕙

初版：二〇二三年十月一日
十一刷：二〇二四年五月十七日
定價：新台幣 350 元
網路書店：https://www.morningstar.com.tw（晨星網路書店）
購書專線：TEL：（04）23595819　FAX：（04）23595493
購書Email：service@morningstar.com.tw　郵政劃撥：15060393
印刷：上好印刷股份有限公司　（04）23150280
國際書碼：ISBN 978-986-179-827-1　CIP：544.141／112012572